CÓMO SE MUEVEN LAS COSAS

por Robin Nelson

Mi primer paso al mundo real

ediciones Lerner · Minneapolis

Una **fuerza** es lo que te permite jalar o empujar algo.

Las fuerzas mueven las cosas
de diferentes maneras.

Los niños caminan en
línea **recta**.

Un tren se mueve en
línea recta.

El crayón dibuja una línea
en **zigzag**.

Los esquiadores bajan en zigzag por la nieve.

Un aro gira en **círculo**.

Una rueda gira en círculo.

Un columpio se mueve hacia adelante y hacia atrás.

Una mecedora se mueve hacia
adelante y hacia atrás.

Un auto de juguete se
mueve rápidamente.

Una bicicleta se mueve
rápidamente.

Un barco de juguete se
mueve lentamente.

Una caja se empuja
lentamente.

Todo se mueve al empujarlo.

Todo se mueve al jalarse.

La calle en zigzag

En San Francisco, California, hay una calle en zigzag. Algunas personas la llaman la calle torcida. La calle baja por una colina muy empinada. La calle baja en curvas cortas y abruptas hasta el pie de la colina. Se construyó de esta forma para que los automóviles no bajaran la colina con demasiada velocidad.

Datos sobre el movimiento

 Cuando pulsas la cuerda de una guitarra, se mueve hacia adelante y hacia atrás muy rápidamente. La cuerda vibra. Vibrar significa moverse hacia adelante y hacia atrás muy rápidamente.

 El guepardo es el animal que puede correr más rápidamente sobre la tierra.

 El caracol es uno de los animales más lentos sobre la tierra.

Los autos de carreras se conducen en una pista que es como un círculo. ¡En algunas carreras, los autos dan 200 vueltas alrededor de la pista!

Algunos animales corren en zigzag para escapar del peligro. Los conejos y los ciervos corren de izquierda a derecha para confundir al animal que los persigue. Esto hace que sea difícil seguirlos.

Glosario

 círculo: una forma redonda

 fuerza: lo que jala o empuja

 recta: sin giros ni curvas

 zigzag: una línea que va en una dirección y luego en otra

Índice

La edición en español fue realizada por un equipo de traductores hablantes nativos del español de translations.com, empresa mundial dedicada a la traducción.

Las fotografías presentes en este libro se reproducen por cortesía de: Digital Vision Royalty Free, portada, págs. 8, 12, 22 (superior); © John Henley/CORBIS, pág. 2; © Diane Meyer, pág. 3; © Kwame Zikomo/SuperStock, págs. 4, 22 (segunda desde abajo); © Richard Cummins, pág. 5; © Todd Strand/ Independent Picture Service, págs. 6, 15, 22 (segunda desde arriba e inferior); Corbis Royalty Free, págs. 7, 13; Minneapolis Public Library, pág. 9; Stockbyte Royalty Free, pág. 10; © Ariel Skelley/CORBIS, pág. 11; © Jane Sapinsky/CORBIS, pág. 14; Brand X Pictures, pág. 16; © Photodisc Royalty Free by Getty Images, pág. 17; © Ron Watts/CORBIS, pág. 18.

ediciones Lerner
Una división de Lerner Publishing Group, Inc.
241 First Avenue North
Minneapolis, MN 55401 EUA

Dirección de Internet: www.lernerbooks.com

Library of Congress Cataloging-in-Publication Data

Nelson, Robin, 1971–
        [Ways things move. Spanish]
        Cómo se mueven las cosas / por Robin Nelson.
            p.   cm. — (Mi primer paso al mundo real. Fuerzas y movimiento)
        Includes index.
        ISBN- 978–0–8225–7811–6 (lib. bdg. : alk. paper)
            1. Force and energy—Juvenile literature. 2. Motion—Juvenile literature. I. Title.
        QC73.4.N45518 2008
        531'.6—dc22   07000719

Fabricado en los Estados Unidos de América
1 2 3 4 5 6 — DP — 13 12 11 10 09 08